COME GESTIRE L'UFFICIO COME UN CAPO PROFESSIONISTA

Contenuto

5

introduzione

La posizione del responsabile dell'ufficio sta cambiando. Per me non ci sono dubbi. Prima dell'inizio dell'epidemia di coronavirus, il ruolo ha cominciato a cambiare. Tuttavia, la posizione del responsabile dell'ufficio cambia quando ritorna in un posto di lavoro reale o virtuale.

I responsabili degli uffici non sono più responsabili dell'acquisto di forniture per ufficio, della riparazione di stampanti rotte o di assicurarsi che i dipendenti lavino i piatti dopo pranzo. Oggi sono essenziali per la soddisfazione, la sicurezza, la fidelizzazione dei dipendenti e altro ancora.

Questo saggio esamina le qualità, le capacità e le risorse necessarie affinché un eccellente responsabile dell'ufficio abbia successo nel proprio lavoro quest'anno e in futuro.

La capacità di gestire un cubicolo è essenziale, poiché puoi contribuire a creare un ambiente di lavoro produttivo e piacevole per i tuoi dipendenti e avviarli sulla strada del successo. L'utilizzo di solide strategie di gestione può aiutarti a migliorare lo spazio del tuo ufficio e aumentare il successo della tua attività, sia che si tratti di organizzare il tuo posto di lavoro o di aiutare a sviluppare e formare i talenti dei membri del tuo team . Questo saggio spiega il valore di un'efficace gestione dell'ufficio e fornisce un elenco di consigli pratici.

In qualità di responsabile dell'ufficio, hai spesso il compito di assicurarti che tutto funzioni nel modo più fluido possibile. Ma gestire un ufficio in modo efficace a volte può essere un po' difficile quando si aggiungono un gruppo di persone con personalità diverse, cancelleria e software diversi e una serie di distrazioni. Tuttavia, non dovresti vietare tutto questo. In effetti, questo dovrebbe servire da ispirazione per mantenere un posto di lavoro pulito!

La gestione di un ufficio implica destreggiarsi tra una varietà di responsabilità. I responsabili del posto di lavoro mantengono il posto di lavoro senza intoppi giorno dopo giorno, settimana dopo settimana, mese dopo mese e anno dopo anno. Ci sono diversi aspetti che devono essere considerati a livello quotidiano o globale. Il budget dell'ufficio, la gestione dell'inventario, i posti a sedere e il layout, l'assunzione di nuovi dipendenti, la tenuta dei registri e altre attività possono essere tutte nell'elenco delle cose da fare di un responsabile dell'ufficio.

Ecco alcuni suggerimenti per la gestione dell'ufficio per mantenere le cose senza intoppi se vuoi gestire un ufficio in modo efficace e migliorare le tue capacità di leadership e gestione.

I compiti tipici per una posizione di capo ufficio includono:

L'uso di tecnologia e software per massimizzare l'efficienza delle operazioni d'ufficio.

- Gestisci i sistemi di archiviazione offline e online.

- Crea e mantieni i budget sul posto di lavoro.

- Mantenere le apparecchiature per ufficio in buone condizioni ed effettuare le riparazioni necessarie.

- Se il personale della reception è assente o malato, chiedi ulteriore aiuto.

- Rispondere alle domande e ai reclami dei clienti.

- Ricerca la sicurezza sul posto di lavoro e apporta gli aggiornamenti necessari.

Una nuova definizione di gestione dell'ufficio

Il ruolo di un responsabile d'ufficio oggi è più complicato e dinamico che mai a causa del cambiamento della tecnologia, delle strutture aziendali e delle condizioni generali di lavoro.

I responsabili del posto di lavoro in molte organizzazioni supervisionano ancora uno spazio di lavoro fisico fisso in cui un team principale di dipendenti lavora durante il normale orario lavorativo. Tuttavia, il lavoro e le persone supervisionate da molti responsabili d'ufficio sono distribuiti in più sedi, fusi orari e diversi tipi di lavoro (in particolare quelli che lavorano per aziende tecnologiche).

Di conseguenza, il tuo lavoro come responsabile dell'ufficio crescerà a un ritmo incredibilmente veloce. A causa di questi rapidi cambiamenti, ci sono anche nuove risorse, nuovi strumenti e nuovi ostacoli da superare. Le competenze di cui avrai bisogno per avere successo nella tua carriera e le responsabilità che ti verranno assegnate saranno senza dubbio diverse, anche se il titolo di lavoro potrebbe non esserlo.

In questo articolo, discutiamo alcuni dei cambiamenti che dovresti aspettarti durante la tua carriera come responsabile dell'ufficio, nonché alcune delle sfide che probabilmente dovrai affrontare regolarmente. Inoltre, indipendentemente dall'aspetto del tuo "lavoro", parliamo dell'innegabile importanza del tuo ruolo e ti diamo le risorse e l'incoraggiamento di cui hai bisogno per fare la differenza.

Cos'è un capo ufficio?

Quando si parla di gestione dell'ufficio, si tratta davvero di ciò che rende produttivo un ufficio. Tutti i responsabili dell'ufficio sono responsabili della pianificazione, del coordinamento e della regolamentazione delle operazioni d'ufficio, tenendo d'occhio la supervisione del governo, le normative sul lavoro e la soddisfazione dei dipendenti. I responsabili dell'ufficio hanno una varietà di compiti a seconda delle esigenze della loro organizzazione.

Le posizioni dirigenziali dell'ufficio possono variare a seconda del settore, ma le responsabilità di base di questi manager sono spesso relativamente simili. I responsabili degli uffici a volte hanno il potere di assumere, licenziare, addestrare e promuovere il personale. Inoltre, assicurano il corretto funzionamento delle funzioni amministrative di un'azienda, assicurano la disponibilità delle attrezzature necessarie e controllano il buono stato delle attrezzature per ufficio.

Rendi il tuo ufficio un luogo positivo in cui lavorare

La capacità e la motivazione dei tuoi dipendenti a svolgere un buon lavoro è determinata dall'ambiente fisico in cui lavorano. Il nostro ambiente ha un enorme impatto su di noi come esseri umani. Riempiamo le nostre case di ricordi e manufatti che ci ispirano o ci fanno sentire bene. Per sentirci "a casa", decoriamo le nostre auto e i nostri ambienti di lavoro.

Sforzi simili vengono compiuti anche nei siti commerciali per mantenere una certa atmosfera. Mentre gli stadi e i luoghi di musica sono progettati per essere visivamente stimolanti, gli hotel e le spa sono progettati per promuovere il comfort e la tranquillità. Mentre i ristoranti possono essere scuri, romantici, giovanili o accoglienti, le strutture mediche sono immacolate e contemporanee.

Tuttavia, l'estetica da sola non è sufficiente per trasmettere lo scopo o l'atmosfera di un ambiente. È anche importante considerare come le persone interagiscono tra loro, l'organizzazione e la configurazione dello spazio, le prestazioni dei singoli e il rispetto per l'atmosfera. Il servizio clienti scadente da parte dei dipendenti dell'hotel non può essere mascherato da attraenti opere d'arte alle pareti. Se i tavoli sono sporchi o la sala da pranzo affollata e affollata, i commensali non apprezzeranno il tentativo di un ristorante di creare un'atmosfera calda e tranquilla. L'ambiente è importante.

Impara le tecniche d'ufficio.

A volte indicati come personale d'ufficio, coordinatori e/o responsabili delle operazioni d'ufficio, queste persone sono spesso le prime persone contattate da chiunque all'interno o all'esterno dell'organizzazione. I tuoi compiti sono vari e vanno dal supporto all'inserimento di nuovi dipendenti alla promozione di un ambiente di lavoro sano fino al lavoro come assistente esecutivo.

Di conseguenza, il carico di lavoro di un capo ufficio aumenta rapidamente. Non solo devi mantenere l'utilità e l'adattabilità dello spazio ufficio, ma devi anche gestire le azioni dei dipendenti, i viaggi, le scadenze e un lungo elenco di altre cose. Ci sono molte aspettative su una posizione di capo ufficio e molti dipendenti hanno idee diverse su ciò che questo manager dovrebbe realmente fare.

Essere un responsabile d'ufficio è incredibilmente gratificante perché puoi superare le aspettative degli altri. Puoi assumerti la responsabilità personale del successo di un'organizzazione e dei suoi dipendenti e dare un contributo significativo al loro successo.

Sebbene molte di queste sedi siano progettate per essere incentrate sul cliente, il posto di lavoro deve anche considerare le preferenze e le esigenze dei dipendenti. A causa della loro comodità e soddisfazione, è più probabile che i dipendenti lavorino in modo efficiente e forniscano un servizio di qualità, che i tuoi clienti apprezzeranno. Tre cambiamenti chiave che puoi apportare al tuo ambiente di lavoro miglioreranno le prestazioni e la felicità dei dipendenti.

Cosa è fondamentale nella gestione dell'ufficio?

La gestione dell'ufficio è essenziale perché può aumentare la produttività dei tuoi dipendenti, aiutarti a utilizzare meglio il tuo tempo e aumentare la qualità del lavoro svolto dalla tua azienda. Puoi migliorare le tue capacità amministrative, promuovere un ambiente di lavoro positivo e aumentare il morale dei dipendenti adottando idee e pratiche di gestione dell'ufficio efficaci.

Prepara la zona.

Organizzare lo spazio di lavoro può aumentare la produttività del team e promuovere un ambiente di lavoro produttivo. Esistono diversi modi per configurare l'area di lavoro, tra cui:

- Istituzione di aree di lavoro designate per il personale.
- Aggiornate le procedure di registrazione della società
- Posizionamento di etichette in scomparti, cassetti e ripiani
- Ordina i materiali del progetto in scatole di immagazzinaggio e cartelle dopo il completamento
- Annota le forniture che devi rifornire, ad es. B. Cucitrice e inchiostro della stampante.

Se stai cercando di creare un ambiente di lavoro positivo, anche ripulire il tuo spazio ufficio può fare molto. Prendi in considerazione la creazione di un piano che ricordi a te e al tuo team di pulire aree specifiche dell'area di lavoro durante la giornata lavorativa. Ad esempio, potresti spolverare e pulire la sala relax lunedì e riorganizzare e smistare la posta giovedì. Mantenere uno spazio di lavoro pulito può aumentare la produttività dei dipendenti e ridurre le distrazioni.

Invece di reagire, preparati.

La tua giornata scorrerà meglio se ti prendi il tempo per prepararti invece di reagire spontaneamente alle situazioni che si presentano. Fare programmi per il giorno successivo può aiutarti a stabilire le priorità delle tue attività e ridurre parte dello stress e dell'incertezza che derivano dalla vita di tutti i giorni.

Tieni registri aggiornati

Mantenere aggiornati i documenti aziendali può essere una parte importante della gestione del tuo ufficio. Il tuo ufficio può risparmiare tempo e aiutare il tuo team a lavorare in modo più efficiente monitorando le informazioni di contatto dei clienti, aggiornando le informazioni di pagamento e notando quando i tuoi rappresentanti hanno già contattato i clienti.

Ad esempio, un rappresentante di vendita potrebbe trarre vantaggio dall'annotare le informazioni di contatto di un nuovo cliente e la natura dell'interazione e determinare se il suo team deve contattare nuovamente il cliente in futuro. Il venditore può salvare i dettagli in modo che un altro dipendente non debba richiamare lo stesso cliente se la chat è andata bene e il cliente sta già valutando l'acquisto dalla tua azienda.

Sii il dipendente più organizzato dell'azienda.

Le capacità organizzative e di gestione del tempo sono in cima alla lista per un motivo. Va oltre il semplice sviluppo di un nuovo file system. Un responsabile dell'ufficio deve conoscere non solo il proprio, ma anche il programma di tutte le persone coinvolte. Il ruolo richiede di bilanciare le operazioni quotidiane con le strategie a lungo termine dell'azienda, dei fornitori esterni e dei dipendenti. Se mancano le capacità organizzative, il lavoro si somma rapidamente.

Crea un metodo di classificazione che funzioni per te.

Sebbene la maggior parte dei depositi venga ora effettuata digitalmente, è comunque necessario tenere traccia di ciò che viene archiviato e dove. Se il sistema web crea confusione, progettare e implementare un sistema di archiviazione migliore. Per assicurarti che tutti inviino correttamente, assicurati che anche gli altri conoscano il metodo.

Creare canali di comunicazione aperti.

I tuoi colleghi verranno sicuramente da te come capo ufficio con un'ampia varietà di richieste, richieste o richieste. È necessario stabilire canali di comunicazione efficaci per ricevere ed elaborare rapidamente queste richieste.

Mantieni la tua casella di posta pulita e organizzata. Ignorare le e-mail o lasciare le cose incomplete può portare a una grande disorganizzazione e alla perdita di e-mail. Cerca sempre di mantenere la tua casella di posta il più ordinata possibile. Spiega chiaramente ai tuoi dipendenti come possono farti domande o dare suggerimenti. Certo, una semplice domanda come "Dove sono le penne extra?" Può essere fatto di persona, ma le richieste più grandi devono sempre essere fatte per iscritto. Questo crea un file e assicura che nulla venga dimenticato. Imposta regole su come puoi essere contattato al lavoro, se preferisci Slack, e-mail o un altro canale per comunicare con i tuoi colleghi.

Potresti aver bisogno di un po' di tempo per smettere di rispondere alle richieste dei tuoi colleghi mentre comunichiamo. Concentrati sul tuo lavoro importante e poi prenditi cura di tutte le nuove richieste. Spiega chiaramente i tuoi doveri e la tua posizione quando qualcuno fa una richiesta che non puoi soddisfare immediatamente o affatto. Puoi rifiutare o dare a qualcun altro il lavoro se non è di tua responsabilità.

Ottieni un'estetica corretta

Esistono molti modi per influenzare l'aspetto del tuo spazio di lavoro, anche se le scelte di design potrebbero non dipendere interamente da te. Creare un posto di lavoro in cui tutti si sentano a proprio agio è un'arte, che si tratti di mettere fiori freschi alla reception o chiedere di cambiare le luci tremolanti, o azioni banali come ripristinare le sale riunioni in condizioni incontaminate e appendere opere d'arte alle pareti. Lasciati ispirare dalla reputazione della tua azienda e dal tipo di lavoro svolto dai tuoi dipendenti.

Se il tuo marchio è stravagante, dirompente e fai molto lavoro creativo, usa colori più audaci, decorazioni moderne e dettagli stimolanti. Se il tuo spazio di lavoro è tranquillo e svolgi un lavoro contemplativo e laborioso, considera un approccio minimalista con toni tenui e meno distrazioni visive.

capacità di pianificazione

I responsabili degli uffici devono essere buoni pianificatori per natura. Le tue attività di pianificazione includeranno qualsiasi cosa, dall'organizzazione delle riunioni d'ufficio all'assegnazione dei compiti. Dalla pianificazione delle operazioni aziendali a lungo termine al completamento efficiente delle attività quotidiane, la pianificazione organizzata è un'abilità essenziale che ogni grande responsabile dell'ufficio dovrebbe avere.

capacità di gestire

La conoscenza amministrativa dovrebbe essere un dato di fatto per un responsabile dell'ufficio. È probabile che tu abbia ricoperto posizioni amministrative prima di diventare un responsabile dell'ufficio. In questi ruoli, avrai sviluppato un livello base di capacità amministrative e continuerai a farlo man mano che ti adeguerai al tuo nuovo lavoro come responsabile dell'ufficio. Sarai responsabile del mantenimento e dello sviluppo della cultura aziendale, nonché delle responsabilità di altre persone, inclusa la valutazione delle prestazioni dei dipendenti. Inoltre, sarai responsabile di varie attività amministrative all'interno dell'organizzazione.

Potenziale di Leadership

L'abilità più importante di cui ha bisogno un manager è la leadership; Alcune persone ce l'hanno naturalmente , altre no. O conduci ciecamente te stesso e la tua squadra al disastro, oppure puoi essere un eccellente leader.

Ci sono molte forme e dimensioni di leadership. In una società di viaggi aziendali come Travel Perk, potresti essere responsabile della gestione del lavoro di oltre 100 dipendenti o lavorare in un piccolo team di sei. È importante assumersi la responsabilità di tutti coloro che lavorano per te, indipendentemente dal numero di dipendenti.

Delega efficace dei compiti.
È importante delegare. Quando si tratta di assegnare compiti , molti manager tendono a delegarne la maggior parte a se stessi, o soprattutto a uno o due dipendenti, il che è ingiusto nei loro confronti e nel resto del team dell'ufficio.

La chiave è dare la priorità a ciò che deve essere fatto e quindi rinunciare al controllo. C'è un problema se non riesci a raggiungerlo. Il lavoro del manager potrebbe essere sovraccarico e potrebbe non essere in grado di lavorare efficacemente in altre aree se non può distribuire il lavoro.

Pianifica la tua settimana.

Puoi gestire il tuo tempo in modo più efficiente e dare priorità alle tue attività creando un programma settimanale. Visualizza i prossimi appuntamenti, riunioni e altre attività importanti e classificali in base all'importanza all'inizio di ogni settimana. Al momento dell'ordine, utilizzare le seguenti categorie:

- Le attività fisse sono definite come qualsiasi riunione o valutazione dei dipendenti con una data fissa. Spesso hai già davanti a te queste attività, impedendoti di modificarle. Vale la pena svolgere prima tutte le attività fisse e quindi distribuire il resto del carico di lavoro attorno a esse.

- Massima priorità: le attività che devono essere completate il prima possibile, in genere entro la fine della settimana o in giorni specifici della settimana successiva, sono considerate ad alta priorità. Se ordini queste attività in base alle date di scadenza, potresti essere in grado di completarle in ordine di importanza.

- Flessibile: le ultime attività che aggiungi al tuo calendario sono in genere attività flessibili. Spesso si tratta di attività che non è necessario completare entro la fine della settimana, ma possono aiutarti con un progetto o un'attività che ha una scadenza. Prendi in considerazione di posticipare le tue attività flessibili pianificate alla prossima settimana se non riesci a inserirle tutte in questa settimana, poiché potresti avere più tempo per completarle.

Diventa un maestro della comunicazione

Per avere successo in una posizione di capo ufficio, devi avere forti capacità di comunicazione. Aiuta a dare istruzioni precise, a risolvere problemi ed evitare errori. Una delle poche posizioni in un'azienda che ha contatti con tutti, dai nuovi assunti ai dirigenti di livello C, è il responsabile dell'ufficio. Assicurati di avere forti capacità comunicative in quanto ciò renderà il lavoro molto più semplice.

Sii creativo quando risolvi i problemi

La profondità dell'esperienza nel settore che un responsabile d'ufficio sviluppa nel tempo non ha eguali. Sono fondamentali per la capacità di un'organizzazione di superare i momenti più difficili e si basano su forti capacità di risoluzione dei problemi. Più tempo dedichi al lavoro, più aiuto cercherai di risolvere difficili problemi personali.

Tuttavia, la risoluzione dei problemi non si ferma qui. A un responsabile dell'ufficio viene spesso affidato il compito di attuare un piano senza le risorse finanziarie per farlo. Il prerequisito per la posizione è la tua capacità di utilizzare le tue risorse in modo creativo e andare avanti nonostante gli ostacoli.

mantenere le prestazioni

A che serve un lavoro se non viene svolto alcun lavoro? L'idea che l'ambiente in cui le persone lavorano dovrebbe essere chiaro, privo di distrazioni e forse l'opposto del compromesso, era prevalente decenni fa. I lavoratori dovevano rimanere nelle loro aree designate e sono stati isolati. Fortunatamente le cose sono cambiate. Secondo la ricerca, i dipendenti lavorano in modo più efficace in ambienti adatti al tipo di lavoro svolto. Altrettanto importante dovrebbe essere dato alla creazione di spazi dove i lavoratori possano concentrarsi, aggregarsi o prendersi le meritate pause.

capacità di analisi

È una buona idea migliorare le tue capacità analitiche a qualsiasi livello professionale. Per aiutare la tua azienda a prosperare, come manager in un ufficio, devi essere in grado di individuare le inefficienze e adottare misure per risolverle.

conoscenza del computer

Per un responsabile d'ufficio, competenze informatiche forti e utili non sono solo buone, ma necessarie. Deve disporre di conoscenze sufficienti per eseguire in modo semplice, accurato ed efficiente le attività IT quotidiane, inclusi l'inserimento dei dati, la preparazione dei fogli e la formattazione della presentazione. Probabilmente utilizzi quotidianamente software di comunicazione, videoconferenza e rendicontazione delle spese.

prendere decisioni rapidamente

Sei in grado di prendere decisioni rapide sul posto? In qualità di responsabile dell'ufficio, ci sono una serie di situazioni in cui potrebbe essere necessaria una risposta rapida. Ad esempio, potrebbe essere necessario coordinarsi con la società di trasporti il cui programma include diversi articoli di grandi dimensioni che devono essere ritirati dalla reception, oppure potrebbe essere necessario organizzare un layout dell'ufficio dell'ultimo minuto per un evento al coperto.

Ci sono decisioni da prendere e queste possono derivare da circostanze impreviste che si sono appena verificate. Essere in grado di prendere decisioni rapide può essere utile per un responsabile dell'ufficio, specialmente in un ambiente frenetico.

adattabilità agli altri

In qualità di responsabile dell'ufficio, probabilmente hai una lista infinita di cose da fare. Anche se c'è, devi comunque essere in grado di offrire una certa flessibilità. Ci sono ordini che devono essere completati entro una certa data e altri che arrivano all'ultimo minuto e rovinano i tuoi piani.

Cerca sempre di essere flessibile ogni volta che puoi e cerca di prendere ogni giorno come viene. Poiché le cose non vanno sempre come previsto, è saggio adattarsi finché puoi.

Assegna compiti

Delegare compiti a colleghi e altri può migliorare l'efficienza e la produttività del tuo ufficio, aiutandoti a rispettare scadenze importanti. Prendi in considerazione la possibilità di suddividere un progetto di grandi dimensioni in componenti più piccoli e delegarli a diversi membri del team se, ad esempio, devi farlo rapidamente. Puoi svolgere tutte queste piccole attività contemporaneamente. Quando hai finito, puoi raccogliere il tuo lavoro e i tuoi dati in un unico documento o report coerente.

Comunicativo e accessibile

Una parte essenziale del lavoro del responsabile dell'ufficio è la comunicazione. Alla fine, costituiranno una delle principali superfici visive e interne dell'edificio. È importante avere un carattere amichevole.

Indipendentemente da chi siano, tutti dovrebbero essere in grado di avvicinarsi al responsabile del posto di lavoro senza sentirsi intimiditi o apparire infastiditi. A causa dell'ampia varietà di tipi di personalità, differenze, background e, soprattutto, anzianità, essere una persona socievole è letteralmente un vantaggio.

creare routine

In un ambiente d'ufficio, stabilire routine può aiutare a gestire i flussi di lavoro, sviluppare metodi per gestire le informazioni sui clienti e rispondere a situazioni specifiche. Può essere vantaggioso per un individuo o un membro del team avere una persona designata a cui rivolgersi se è necessario ulteriore lavoro dopo aver completato i propri compiti o compiti. Puoi aiutare a sviluppare un flusso di lavoro autogestito che consenta a un team di lavorare costantemente durante il giorno, liberando tempo per concentrarsi sulle proprie attività e progetti assegnando tale attività a un altro membro del team.

È anche importante avere routine in modo da poter portare a termine il lavoro e rispettare le scadenze, anche in situazioni come la chiusura di un edificio per uffici o una rete aziendale inattiva. Routine solide e consolidate ti aiuteranno a risolvere qualsiasi problema o disaccordo sul posto di lavoro, sia che si tratti di eseguire il backup dei dischi rigidi dell'ufficio o di disporre di un framework in modo da poter lavorare in remoto se necessario.

essere comprensivo

Ogni responsabile dell'ufficio deve essere in grado di comprendere ed entrare in empatia con ogni membro del team. Un capo ufficio è in genere il portavoce della stragrande maggioranza dei lavoratori, in quanto parte integrante del team e conosce a fondo le condizioni di lavoro di tutti. Per assicurarti che tutti siano ascoltati e compresi, devi essere in grado di guidare con fascino ed empatia.

Un capo ufficio è spesso membro di comitati per iniziative sanitarie o di beneficenza. Devi essere in grado di guidare iniziative che richiedono empatia, combinare una prospettiva aziendale con la compassione e bilanciare aspettative e realtà.

Cerca di limitare le interruzioni!

In qualità di responsabile dell'ufficio, dovrai sicuramente gestire un gran numero di richieste contemporaneamente mentre cerchi di adempiere ai tuoi impegni quotidiani. Un programma può aiutarti a gestire il tuo tempo e ridurre le interruzioni perché puoi essere più reattivo in momenti specifici in cui puoi dedicare loro tutta la tua attenzione. Assicurati di usare i momenti in cui pensi che sarà più calmo. Chiudi la porta, metti il telefono in modalità silenziosa e resta concentrato.

mantenere l'atmosfera

Al di là dell'apparenza, lo spirito del tuo posto di lavoro è determinato dal modo in cui le persone interagiscono tra loro, dagli atteggiamenti e dalle prospettive del tuo team e dall'importanza di principi guida come rispetto, fiducia e innovazione. Che lingua usano i tuoi dipendenti quando conversano? Quali emozioni e sentimenti mostra la maggior parte delle persone al lavoro? È silenzioso o rumoroso? Sei attivo e innovativo o strettamente regolamentato e cauto? Questi fattori aiutano o ostacolano la tua attività?

Una volta che il tuo ambiente è stato preso in considerazione, devi occuparti di ulteriori attività di gestione del desktop. Con un ordine di lavoro o un sistema di ticketing, potresti essere responsabile della gestione del personale dell'help desk, dei team di sicurezza o del personale di manutenzione sia all'interno che all'esterno. Inoltre, potrebbe essere necessario coordinare la manutenzione del sistema con il proprietario o il gestore della proprietà, ordinare nuove apparecchiature e tenere traccia dell'inventario dell'hardware. Sebbene ci siano molti dettagli, una cosa è sempre la stessa: la gestione di un ufficio richiede un monitoraggio regolare e un'azione rapida.

Vuoi vedere lo sviluppo professionale del team?

Sebbene sia ammirevole essere motivati nella propria carriera, è fondamentale che i manager tengano d'occhio anche le carriere dei loro team. È fondamentale essere appassionati nel supportare i membri del tuo team nel loro percorso professionale, sia che rimangano in azienda, assumano un nuovo ruolo all'interno dell'organizzazione o si trasferiscano in un'altra azienda.

Quando le persone ti vedono come un capo che si preoccupa del loro sviluppo, può essere molto gratificante sul lavoro.

Il tuo posto di lavoro è davvero sicuro?

È prudente proteggere il tuo edificio da intrusi o minacce esterne, tramite un ingresso con chiave o un sistema di sicurezza attivo. I tuoi compiti possono includere la guida dei team di sicurezza, il monitoraggio delle telecamere di sicurezza o la consegna delle chiavi ai nuovi dipendenti. È inoltre essenziale che i mobili e i macchinari presenti sul posto di lavoro possano essere utilizzati in sicurezza. Assicurati di aver pensato a tutte le potenziali minacce alla tua struttura e al tuo campus e di avere una strategia per mitigarle.

Esperto nella tecnologia di elaborazione

Capire come funziona la tecnologia è vantaggioso. Potresti incorrere in problemi se non hai familiarità con alcuni dei programmatori di base, inclusi Microsoft Office ed Excel. È importante che i manager siano esperti di tecnologia e sappiano utilizzare le piattaforme online.

È un'abilità apprendibile, ma se non sai già come utilizzare gli strumenti o il software, probabilmente ci vorrà un po' di pratica.

analiticamente

Uno dei compiti di un manager è trovare metodi più efficienti per affrontare i compiti a portata di mano. È importante identificare le aree del tuo lavoro in cui potresti non riuscire a svolgere e come affrontarle.

Quando si gestisce un ambiente d'ufficio, un occhio analitico è un'abilità utile. Potrebbe aiutare la tua azienda a risparmiare denaro e servire meglio consumatori e clienti.

Se ti stai chiedendo: "Come potrebbe essere migliorato? o "Cosa si può fare per renderlo più efficace?" sei quasi a metà strada. È una buona idea includere parole d'ordine analitiche nel tuo curriculum quando fai domanda per una tale posizione. I termini "risoluzione dei problemi", "pensatore critico" e "ottimizzazione" sono tutte ottime scelte.

Incoraggiare ulteriore apprendimento e crescita.

Il morale e la produttività possono essere aumentati incoraggiando i membri del team a crescere e offrendo loro maggiori opportunità di formazione. I dipendenti possono lavorare in modo più efficiente e ottenere risultati di qualità superiore quando hanno l'opportunità di sviluppare le proprie conoscenze e competenze professionali.

Inoltre, può metterli in una posizione migliore per la promozione dall'interno. Ad esempio, se stai assegnando a un assistente di marketing un lavoro che richiede l'utilizzo di un software con cui non ha familiarità, valuta la possibilità di fornire tutorial o di chiedere a un dipendente più esperto di insegnargli come utilizzare il programma. È quindi possibile terminare il lavoro più velocemente e riutilizzare il programma per attività future.

Ecco alcuni suggerimenti utili per iniziare.